JN440405

당신이 문득
떠나고 싶을 때

이기헌 시집

문학의전당 시인선
215

당신이 문득 떠나고 싶을 때

이기헌 시집

문학의전당

시인의 말

어느 한적한 가을 무렵에
나 자신을 잃어버렸다.
나는 당황하며 곳곳을 헤집고 다녔다.
울창한 숲속에서 찾아보기도 하고
번잡한 쇼핑센터를 기웃거리기도 했지만
사라져버린 나를 찾을 수 없었다.
흔적도 없이 어디로 사라져버린 걸까.
한 계절 내내 수소문해 보았지만
끝내는 찾을 수 없었다.
나는 나를 찾아 헤매는 대신
차라리 가을 속에 묻어두기로 했다.

학창 시절부터 시는 내게 아픔이었다.
언젠가는 그 아픔을 치유하고 싶었다.
젊은 날의 시를 뒤돌아보면서
시집의 반 이상을 내 청춘의 시로 엮었다.
이것이 온전한 치유는 아닐지라도
홀가분하게 길을 걸을 수는 있을 것 같았다.

2015년 가을
이기헌

차례

제2부

제3부

제4부

제1부

장미

저 여자에게 치근대고 싶다
한낮의 길에서 만난
붉은 눈빛의 그 여자에게
돌연 추파를 던지고 싶다

저 여자에게 흰 안개꽃을 안기고 싶다
어디론가 차분히 걸어가고 있는
붉은 영혼의 그 여자에게
화사한 오월을 안겨주고 싶다

연어

어디서도 그 병을 고칠 수 없었습니다
병은 자랑해야 한다기에
만나는 사람마다 하소연했습니다
용하다는 곳을 찾아 온 천하를 헤맸지만
헛수고에 허탈함만 남았습니다
조금씩 물들어가는 육신
길게 드리워진 천형인 줄 알았습니다
한때는 다 포기할까 생각했어도
마음을 굳게 다잡아놓고
숱한 세상을 돌고 돌았습니다
그 허한 영혼 치유할 수 있다면
수천수만 번 죽음의 문을 넘는들
무슨 두려움이 있겠습니까
나 여기 마음속 애련한 곳에
깊이 침잠한 아픔을 잠재우기 위해
먼 길을 목숨 걸고 헤쳐 왔습니다
내 병이 말끔히 고쳐지는 날이
비로소 내가 눈을 감는 날입니다

철새

뒤돌아보지도 않고 가버렸습니다
서글픔에 오래도록 눈물을 흘렸습니다
시간이 지나 조금씩 잊힐 즈음
철없이 떠나온 자신이 후회스럽다는
편지 한 통이 날아왔습니다
나를 못 잊어 하는 애틋한 사연들로
구구절절 빼곡하게 채워져 있습니다
내 마음은 다시 그의 향기로 차 들어갑니다

철이 바뀌자 한걸음에 달려왔습니다
그리움이 눈물겹도록 사무쳤기에
서로 얼싸안고 반가워합니다
그러나 기쁨이 채 가시기도 전에
그는 남몰래 떠날 준비를 합니다
또 다른 누군가에게 애절한 편지를 씁니다
애태워하는 그 모습 하도 보기가 딱해
미련 없이 온전히 보내줍니다

오동나무와 딱따구리

외로움에 젖어 살던 나에게
어느 날 딱따구리 한 쌍이 다가와
오래된 고독에서 벗어나려거든
자신들과 함께 살아야 한다고
달콤한 말로 속삭였을 때

나도 모르게 몸을 허락하고 말았다

그러자 둘은 더 가까이 와서
마음의 병을 고치려거든
외로움을 도려내야 한다며
며칠 동안 내 가슴속을 후벼 파더니
병을 치료했노라고 말했을 때

나도 모르게 둥지를 허락하고 말았다

딱따구리는 이제 나에게
입에 발린 말을 하거나

아부하는 인사를 하지 않지만
나는 지독한 수다쟁이를 가슴에 품고
더 이상 외로움을 느끼지 않는다

강아지

가을이 끝나갈 무렵
갈 곳 없는 새끼 강아지를 데려왔다
겨울이 오는 줄도 모르고
녀석은 신이 나서 마당을 뛰어다녔다

상강이 가고 입동이 왔다
강아지는 난생처음 맞이하는
매서운 겨울 앞에 쭈그리고 앉아
오돌오돌 떨고 있었다

나는 그를 가슴에 보듬어 안고
겨울이 가면 봄이 온다는 사실을
차근차근 설명해주었다
그때서야 안도의 한숨을 쉬며
꼬리를 치기 시작했다

그러나 정작 나는
기나긴 엄동설한이 몹시 두렵다

강아지는 나를 보금자리 삼아
이 겨울이 따스할 거라고 들떠 있는데

모래성

어린 시절 우린 개울가에서
모래성 쌓기 놀이를 했지
그때 나는 둘만의 성을 원했지만
너는 내가 들어갈 수 없는
너만의 예쁜 성을 쌓았지

나는 그 아름다운 성 앞에서
언제나 머뭇거려야 했지
어른이 되어서도 곁에는 있었지만
한 번도 너의 성 안으로
들어가 보지 못했지

너는 성 안에서 행복했기 때문에
그 외곽에서 내가
거닐고 방황한 시간들이
얼마나 길고 외로운 것이었는지
알고 싶어 하지 않았지

귀뚜라미의 기도

너무 미치도록 외롭지 않게
이 밤이 지나가게 해주십시오
나 홀로 고독에 젖는다는 것이
사치인 줄은 알고 있지만
너무 눈물겹도록 아프지 않게
이 밤을 보내게 해주십시오

밤새도록 부르고 또 불러도
그리운 노래는 끝날 줄 모릅니다
내일 아침 먼동이 트면
지난밤이 깊었음을 후회할 것이지만
너무 죽도록 가슴 아프지 않게
이 밤이 흘러가게 해주십시오

망둥이와 참새우

너는 그리움에 눈이 멀었고
나는 외로움에 눈이 멀었다
너는 나에게 안식의 눈이 되었고
나는 너에게 희망의 눈이 되었다

우리의 만남은 밝혀질 수 없는
희미한 전설로 남아 있지만
나는 너의 곁을 떠나지 않았다
너는 나의 곁을 비우지 않았다

나의 눈이 너의 옆에 머무를 때
너는 구슬땀 흘려 보금자리를 가꾸었다
너의 숨결이 내 온기를 적실 때
나는 온몸으로 너를 지켰다

우리는 못난 태생인 줄 알기에
서로의 가슴을 엮어 하나가 되었다

주전자

외로움을 가득 담았나보다
적막에 쌓인 열사 위에 앉아
저 혼자 속을 끓이는 남자

잔 하나 들고 다가가서
애끓는 그의 마음을 가득 따른다
호호 불어 열기를 삭인 다음
타는 목으로 단숨에 들이킨다
속 끓인 물은 이리도 시원하구나

누군가 주체할 수 없는 내 마음을
잔에 넘치도록 따라서
적당히 가라앉힌 다음
쭉 들이켜 줄 사람은 없는가 이 밤에

깊어만 가는 겨울밤
식을 줄 모르는 그의 영혼을
밤새도록 따라 마신다

영동고속도로

영화가 상영되었다
파란 가을 스크린에
아름다운 영화가 시작되었다
그녀의 끝없는 내면을 달려갈 때였다
예고편도 없었던 영화는
맑고 깨끗하고 하얀 뭉게구름과
내용을 예측할 수 없는 설렘
가슴은 쿵쾅거렸다
나는 끝도 없이
영화가 상영되는 스크린을 향해
가을날 오후를 달려갔다
내가 한없이 그녀에게로 들어갔어도
그녀는 끝까지 나를 받아주었다
그리도 깊고 포근한 마음을
좀처럼 다 간직할 수는 없었다
누가 각본을 쓰고
누가 감독을 했는지조차 알 수 없는
영화를 관람하며 하루를 달려갔다

마지막 태풍이 지나가면

올해는 유난히도 태풍이 많았습니다
한 고비 넘기는가 싶으면
또 다른 태풍이 몰아쳐 왔습니다
요동치듯 몇 번이고 애태우던
혼란스러운 여름이 가버렸습니다

이제 걱정의 시간이 끝난 줄 알고
가을을 거닐며 고요히 편지를 씁니다
그러나 내 마음속 먼 바다에서
새로운 태풍이 꿈틀거리고 있다고
아나운서는 걱정스럽게 예보합니다

마지막 태풍이 휩쓸고 지나가면
당신을 잊기 위해 쓴 편지는
흔적도 없이 지워져버립니다
나는 애끓는 추억만 간직한 채
겨울 광야로 쓸쓸히 들어갑니다

나비의 꿈

애벌레였을 때
나는 자라서 꿀을 얻으려고
그 추한 모습으로
쓴 이파리를 먹어야 했다

애벌레였을 때
나는 자라서 하늘을 날려고
온갖 굴욕도 아랑곳하지 않고
땅 위를 기어 다녀야 했다

마침내 높이 날아오르는 순간
나는 지상의 나쁜 기억들을
남김없이 지워버렸다
한 조각의 추억 부스러기도
가슴에 묻어두지 않았다

나비가 되었을 때
나는 죽어서 천상을 날려고

염치없이 꽃들을 찾아다니며
달콤한 꿀을 동냥해야 했다

담쟁이덩굴

봄볕이 곱게 번져오면
내 손은 슬금슬금
당신을 향해 움직입니다
부드러운 다리도 만져보고
허리를 타고 오르다가
넓적한 등짝에 뺨을 부비기도 합니다
그러다가 어둠이 내리면
당신의 은밀한 곳으로 손길을 뻗습니다
당신은 은근 나의 손길을
즐기시는 모양입니다
바람결에 일렁이는 숨소리를
손끝으로 감지할 수 있으니까요
때로는 외로움이 가득해 보이면
나는 기다렸다는 듯이 당신을 끌어안고
격렬한 키스를 퍼붓습니다

당신이 문득 떠나고 싶을 때

도시 생활에 찌들어 살다가
서쪽 하늘에 물든 노을을 보고
떠나고 싶지 않은 사람이 어디 있겠는가
하루의 일과를 마무리하면
또 고요한 밤이 먼 데서 오고
마음속에 들어온 노을은 침묵한다
오늘이 고달프다고 말하지는 말지니
당신이 문득 떠나고 싶을 때
떠날 수 없다고 아쉬워하지 마라
누구나 벅찬 가슴을 안고
하늘의 노을을 바라보지만
한순간 불타오르다 수그러든다
왕궁은 무지개 아래에 있고
사람들 또한 그 아래 집을 짓는다
저녁노을이 짙게 물들어가도
눈물을 아는 자만이 먼 길을
떠나갈 자격을 부여받았을 뿐이다

하루가 또 흘러가네

남겨진 아쉬움인 듯
지친 영혼은 잠들어 있고
두려움도 외로움도 아닌
무수한 쓸쓸함처럼
하루가 또 흘러가네

노을에 물들었다가 타버린
검은 구름을 바라보면
서러움만 가득 서리고
스쳐가는 짧은 한숨 너머로
하루가 또 흘러가네

내일은 행복하자는 말도
수없이 주고받던 위로의 언어도
자고 나면 한낱 물거품임을
깨달은 나그네처럼
짙은 회한이 되어 흩어지는데

동전 하나를 주운 사람과
그리움을 간직한 사람
밤 깊으면 모두 외로워지고
빌딩 위에 서 있는 고독처럼
또 하루가 흘러가네

삶이란 그런 것이다

이른 아침 파란 하늘을 보고
문득 눈물이 났다
시린 가슴에 떠가는 구름 하나가
심장을 울리고 또 두드리고

삶이란 그런 것이다

한낮에 한적한 길을 걷다가
하루를 기약 없이 굴리고 가는
쇠똥구리 한 쌍을 만났다
서글퍼지는 세상을
짙은 아픔만 간직한 채
끝없이 흘러가는 모습이
그날 밤 꿈속에서도 가고 또 가고

삶이란 그런 것이다

제2부

꽃

미칠 듯이 몸부림치고 있는데
사람들은 나를 아름답다고만 말한다
지독한 열병을 앓고 있을 뿐인데
사람들은 내게서 황홀한 향기를 맡는다
온몸을 사려 정염을 불태우고도
들끓는 마음 수그러들지 않는데
사람들은 날보고 성스럽다고 한다
며칠 동안 그토록 애태우기만 하고
한순간 속절없이 허물어지는데
사람들은 내게 예쁜 꽃말을 붙인다
가장 뜨겁게 열정을 불사르다가
비참하게 시들어버리고 마는데

너에게

나는 너에게
세상에서 가장 슬픈 어떤 사연을 이야기하고 싶다
……날은 저물어갔다
이 어두운 밤에
우리는 쓰디쓴 고뇌를 느껴야 할지도 모른다
분명히 알 수 있는 것은
이 밤이 지나감과 더불어
모든 것을 포용할 수 있고
무엇이든지 희망할 수 있는
아침이 오고야 만다는 것이다

너는 이 시간
네 하루의 일을 마치고
너의 자리로 돌아와 편안한지 묻고 싶다
……날은 저물어갔다
정녕 아침은 오려는지?
그렇게 질문하지는 말라
긴긴 밤을 너와 단 둘이 만나 이야기하고

서로의 눈을 바라보고
가슴으로만 느낄 수 있는 순간을
간직할 수 있기만 한다면
아침이 아니온다고 해도
우리는 슬픈 눈물을 짓지 않을 것이다

나는 진정
가장 아름다운 언어의 배합으로
너에게 달콤한 사랑의 시를 들려주고 싶다
그러한 나의 마음은 아랑곳없이
산새가 석양에서 울고
……마침내 날은 또 저물어갔다
어둠이 물들어오면
목 놓아 울던 새들도 침묵에 잠긴다
그리하여 내 마음에선
그리움이 솟구쳐 오른다

밤길

그 무엇이 나를 이 어두운 거리를 거닐게 하는가

이제 어두운 땅 위를 찾아올 눈부신 빛이 오기까지는 긴 시간을 기다려야 하는 것임을 나는 안다

봄의 고요도 무시해버린 채 살랑대는 바람은 어디로 흐르고 있는가를 생각한다

봄의 대지 위에서 봄바람과 더불어 아무런 외침도 말함도 없이 어디론가 내 마음의 날개가 가자는 곳으로 두 발을 옮겨가고 있는 것이다

해만 솟아오르면 수많은 사람의 무리가 웅성거릴 이 거리가 외로운 새벽 바람을 가득 마시며 나를 움직이게 한다

내 마음에 붉은 불덩어리가 타오르듯이 뜨거운 정열을 사랑했던 것도 바로 이 길에서였다

때로는 어느 어여쁜 소녀의 모습을 그리워하던 거리였다

누군가가 황금을 한 아름 준다고 해도 나는 이 길을 버리지 않을 것이다

내 발자취가 새겨져 있는 길, 나의 정열이 뿌려져 있는 길, 내 외로움이 잠들어 있는 길이여…… 오늘도 나는 사람의 모습조차 찾아보기 힘든 밤길을 걷는다

속박

그해 여름 내내
그는 쇠사슬로 나를 묶어놓고
아무 데도 가지 못하게 했다
그리고 자신은 세상 곳곳을
자유롭게 떠돌아다녔다

나는 그가 돌아와
겹겹이 묶어놓은 굴레를
풀어주기만을 기다릴 뿐
여름 동안 창밖만 내다보며
아무 일도 할 수 없었다

여름이 다 가서야 돌아왔다
나는 그에게 매달려
그만 놓아달라고 애원했지만
유랑에 지쳐버린 그는
자신이 묶어놓은 사슬조차
풀어줄 힘이 없었다

사과나무

티 없이 살아갈 수는 없다
아무리 내 잘못을 고백해도
내일이면 또 더러워지는 몸뚱어리
이 봄엔 너 나 할 것 없이
마음이 가득 부풀어 있다

여름도 오기 전에
버러지들이 내 몸을 파고들었고
차츰 나도 지쳐갔다

열매를 맺는다는 것은
내 잘못에 대한 고백이다
얼마만큼 삶이 아름다울지 모르지만
마침내 우리는 다 버려야 한다

붉은빛 열매를 맺고 나서
그 맛으로 누군가를 휴혹한다
지쳐버린 나의 삶을

조금은 당분을 곁들여서
그런 맛으로 얘기하고 싶다

해바라기

너를 꼭 원한다는 것은 아니다
그냥 바라보다가
나 홀로 그리움 갖다가
뒤돌아서고 싶은 것이다

마음 줄 곳은 오직 하나
바라보기만 해도 사무쳤다고
말할 수 있으면 그만이다

상상에 젖는 것만으로도
입가에 웃음 지을 수 있다면
너의 빛나는 모습 바라보다가
얼굴에 까만 점이 박혀도 좋다

내 안의 그리움은
끊임없이 샘솟아 오르는데
너를 꼭 원한다는 것은 아니다

외딴섬

그리움이 솟구쳐 오르는 밤에는
아득히 먼 바다에 사는
여인에게 편지를 쓴다
그녀는 내 마음속 깊숙이 떠 있는
애틋한 외딴섬이니

하늘의 새가 편지를 물고
내일이면 찾아가리라

외딴섬으로 날아간 새는
여인의 아름다운 풍경에 빠져
새로운 둥지를 틀 꿈에 부풀어 있을 뿐
내 마음을 전해달라는
편지는 까마득히 잊어버렸다

그런 줄도 모르는 나는
한사코 그녀의 답신만을 기다린다

별바라기꽃

누군가가 붙여준 내 이름은
님 그리워
한밤에 피는
별바라기꽃이라네

아득히 먼 옛날
나는 애달픈 사연 하나 없는
들꽃에 불과했다네
어느 날인가
사랑을 이루지 못한 어떤 사람이
밤길을 가다가 내 모습 보고
그렇게 불러준 까닭에
별바라기꽃이 되었다네

그는 내 곁을 떠나갔지만
나는 그 사람에게
아무런 불만이 없다네
어느새 떠나간 그를

찾아올 님으로 기다리는
별바라기꽃이라네

난쟁이붓꽃

당신이 측은하게 바라보아도
이 세상에서 나는 이만큼만 살았다
당신이 가슴 아파하며 스쳐가도
이 세상에서 나는 이만큼만 자랐다

안타깝다고 소리치지는 말아라
당신이 푸른 하늘을 날아오르며
내게 한껏 기상을 뽐내어도
이 세상에서 나는 이만큼만 꿈꾸었다

저 언덕 너머로 바다가 보인다고
당신이 목청 높여 소리쳤을 때에도
불쌍하다고 눈물 흘리지 말아라
이 세상에서 나는 고만큼만 그리워했다

개기일식

당신의 마음속에
내 존재는 늘 희미하지요
당신 곁을 두근거리며
외롭게 가고 있어도
끝끝내 눈길 한번 주지 않는

그런 당신에게
나 좀 보아달라고
철없이 떼쓰지도 않아요
오직 파아란 당신 속마음을
하얗게 저으며 갈 뿐이지만

그러다가도 어쩌다
내 속에 천불이 나는 날이면
나도 모르게 당신 형상을
온몸으로 뭉개버립니다
금방 후회할 짓을

외사랑

지극히 애절함만으로는
봄은 오지 않는다

사월은 다가오는데
꽃샘추위는 물러갈 줄 모른다
창문을 꼭꼭 닫아버리고
방구석에 틀어박혀 온종일
기도하는 마음으로 시간을 보낸다
가슴 무너져 내리는 아픔을
단 한 번이라도 가져본 적 있는가
나는 이제 애원하지 않기로 했다
흘러가는 시간 속에서
홀로 외로운 노래를 부르기로 했다
내가 목 놓아 부른다고
저 별이 응답할 줄 아는가

지극히 간절함만으로는
꽃은 피지 않는다

억새풀

그녀의 마음이 얼마나 외로운지
이제는 좀 이해될 듯합니다
바람이 스산하게 불어오던 날
그녀의 가슴을 살짝 어루만지다가
내 살이 베이는 줄 몰랐습니다

그녀가 언덕을 주름잡으며
온몸을 흔드는 이유를 알겠습니다
바람이 그녀의 친구라고는 해도
살 냄새 풋풋하게 나는
남정네 부드러운 손길만 할까요
그녀에게도 희망은 있습니다
제법 따스한 가을 햇살이
그녀 곁을 기웃거립니다

물안개

아직도 나에게는
지워버릴 수 없는 너의 아쉬움이
마음 어디에 남겨져 있다

새벽녘 수면 위로 피어오르는 물안개처럼
오래 머물지 않고
살며시 사라져가는
너의 해맑은 영상이
내 영혼 어딘가에 머물러 있다

나는 한순간의 물안개를 만나려고
긴 밤을 하얗게 지샌다
별을 바라보며
풀벌레 울음 들으며
연인들처럼 아침을 맞이하면
어둠이 남겨놓은 아쉬움인 듯
물안개 홀로 남아 살며시 수줍어했다

아직도 나에게는
물안개처럼 어느새 사라져가는
너의 그리움이 머물러 있다

무지개

보여주고 싶은 것이 있고
보여주고 싶지 않은 것이 있다
뜨겁게 불타오르는 육신을
속속들이 보여주고 싶어도
깊숙이 숨겨두어야 할 것이 있다

두근거리는 심정 감추지 못하고
심장 끝까지 보여준다면
그토록 나를 그리워하지 않는다
화려한 몸짓만으로는
그의 마음을 빼앗을 수 없다
깊이 감춰진 내 진실 때문에
변함없이 나를 그리워하는 것이다

내가 영원히 그의 님인 까닭은
그의 가슴을 애태우게 하는
나만의 비밀을 간직했기 때문이다

우산

비가 오지 않으면 너는
한 달도 좋고 두 달도 좋고
현관 구석에 나를 처박아 두었다
외출할 때 눈길도 주지 않는
너의 옆모습만 물끄러미 바라보며
내가 느꼈을 지독한 외로움을
너는 털끝만큼도 알려고 하지 않았다

너를 기다리다 지치면 나는
어둠 속에 쪼그리고 앉아
비가 오기만을 간절히 기도했다
고대하던 장대비가 쏟아지면
그때서야 너는 사랑스런 눈길을
시름에 잠긴 나에게 건네고
마침내 내 꿈은 힘차게 펼쳐진다

개화(開花)

또 그 병이 도졌습니다

이제는 헛된 고백 하지 말자고
늘 푸르게만 살자고 다짐했는데
어느 순간에 또
그 병이 도졌습니다

고해성사를 보고 나오면서
다시는 죄짓지 말자고
두 손 모아 몇 번이고 맹세하였건만

그 환장할 병이
이 봄에 또 도졌습니다

제3부

연

내가 춤추는 줄 알지만
사실은 가슴 졸이며 애원하는 것이다

그 가느다란 인연만으로
너의 사랑을 사로잡을 수 있다고
믿었던 것은 잘못이었을까

아무리 희망의 끈을 놓지 않는다 해도
그가 띄워 보낸 내 육신은
끝없는 큰 간격으로 사뭇 서럽다

철없이 나풀거린다 해도 좋고
헤프게 나댄다고 놀려도 좋다
네가 내 꿈을 끊어버리지만 않는다면

파문

호숫가에 앉아
고요한 호수에 돌을 던졌다
첨벙 소리를 내며
가슴이 울렁거리는 듯한
파문이 일었다

파문은 호숫가로 번져
물에 손을 담근 나의 손끝으로
살며시 전해져 왔다
잔잔하던 내 마음도
조금씩 일렁거리기 시작했다

오랜 세월 풍랑을 견뎌내고
마침내 잠잠해진 영혼이
다시 거세게 출렁거렸다
나는 걷잡을 수 없는
소용돌이에 휘말려갔다

망상해수욕장

동해바다에 가면
내게 온몸을 맡기는 여자가 있다

보고픈 마음 곪아 터지도록
우리는 소식 한 줄 주고받지 않는다
그러다 문득 애상에 휩싸이면
그녀는 태초부터 나를 직감하고
겨울 바닷가를 잔잔히 걸어온다
숱한 그리움에 물들어 있던 나는
그녀의 영혼과 진한 포옹을 하고
은밀한 상처를 애무한다
외로움에 지친 비릿한 욕구를
밤새도록 탐미하다가
그녀가 스산한 비성을 품어내면
나는 벅찬 연가를 부른다

동해바다에 가면
내게 온몸을 펼쳐 보이는 여자가 있다

겨울행 버스

추수가 끝난 시골 풍경을 바라보며
나는 고속버스를 타고
겨울을 향해 달렸다
가을의 의미조차도 깨닫지 못한 채
가을 종착역에 도착하자마자
서둘러 겨울행 차표를 끊은 것이다

가을은 삶을 여물게 했지만
겨울은 그 모든 것을 배반했다
추수는 마무리되었지만
누구도 편히 잠들 수 없었다
세월이 약속한 사람들은
겨울에도 사랑을 했다
아직 떨어지지 않은 낙엽은
시간이 흐를수록 추해보였다

마침내 경적을 울리며
고속버스는 겨울 터미널에 도착했다

두툼한 옷도 마련하지 못한 나를
겨울에 내려놓은 고속버스는
계절이 없는 도시로 서둘러 떠났다

내 젊은 날의 가을 노래

어느 가을날 문득
가지만 앙상한 나무를 발견했을 때
감상주의에 빠질 필요는 없을지라도
어느새 되돌아온
지난해의 이날을 생각하며
사는 의미를 되새겨본다

쌓여가는 연륜이란 무엇일까?
진정 시간은 흘러
역사를 형성한다면
반복되어지는 형상을 따라서
나는 회전하는 목마처럼
어느 공간을 끝없이 맴돌다 마는 것일까?

그러나 떨어진 낙엽이
흙으로 조금씩 썩어가면
이내 나는 앙상한 가지에
일상의 의미를 주고

가을과 함께 생각한 것들은 날려버려
사유하지 않는 존재가 되어 침묵한다

도시인들

사람들은 무엇을 얻기 위하여
이 도시에 모여 술을 마시는가
한낮 오랜 시간 동안
땀 흘려 쌓아놓은 성 앞에서
잠시도 안식을 얻지 못하고
어쩌자고 어둠 속을 헤매는가

청춘은 희미하게 멀어져갔다
아이들이 태어나 골목길을
앙증스럽게 걸어 다니면
하늘에는 구름이 흘러가고
인생은 비둘기인 양 돌담에 앉아
비 개인 먼 산을 바라본다

지쳐버린 팔월의 복날에
속절없이 도시는 출렁거리고
바다가 미치도록 그리운 거다
마침내는 돌아올 것이지만

돌아올 수 없는 미지의 나라로
사람들은 서둘러 떠나갔다

잠수교

네 안에 서글픔이 얼마나 많았기에
며칠 밤낮 꼬박 눈물로 흐릅니다
쓸쓸한 뒷모습 감추지 못하고
슬픈 노래 끝없이 쏟아낼 때
사무쳐 흐르는 당신 가슴에
나는 흔적 없이 잠깁니다

밤새도록 위로하고 달래어도
허한 눈물 멈출 줄 모릅니다
외로운 마음 고요히 잠들지 못하고
사랑의 아픔으로 넘쳐흐를 때
너울너울 쓸어내리는 당신 수심에
나는 하염없이 묻힙니다

별

꿈은 버릴 게 하나도 없습니다
밤새도록 한 개 한 개 간직해도
바구니에 모두 담지 못하고
새벽이 오고야 말았습니다
꿈은 늘 밤하늘에 가득합니다
숱한 고뇌의 아픔으로 살아온
지나간 젊음을 뒤돌아보면
꿈은 다 아름답게 빛납니다
아무리 하찮은 그리움일지라도
꿈은 버릴 게 하나도 없습니다

종

내 안을 무수히 두드리고서야
너에게 내가 있음을
말할 수 있을 뿐이다

끓어오르는 열정을
철갑 속에 가둬놓는다 해도
영원히 억누를 수는 없다
안으로 휘몰아치는 몸부림을
나는 누군가의 가슴속에
점점이 새기고 싶다
지울 수 없는 흔적으로
그의 내부를 불사르고 싶다

내 안을 무수히 멍들게 하고서야
너를 향한 그리움을
잠재울 수 있을 뿐이다

번개와 천둥

당신이 번개라면
나는 천둥

당신이 날카로운 빛이 되어
먹구름 속을 쏜살같이 뚫고 지나면
느린 내 걸음은 당신을 따를 수 없어
멀리서 애타게 통곡만 한다

내가 흘린 눈물은 빗물이 되어
깊은 산중으로도 가고
바다로도 흘러가지만
영혼이 된 당신의 자취는
어디서도 찾을 길 없다

깊어가는 여름날 밤
천둥은 밤새도록 목 놓아 운다

날아간 새

날아가고 싶어만 하는
새가 있었다
나는 그를 가두어놓고
나와 함께 살자며
사랑을 간절히 고백했다

그는 하늘만 바라보며
밤낮으로 날라다주는
나의 온갖 유혹을 외면한 채
시름시름 병들어갔다

새가 간직한 신념은
날아가는 일이었기에
내게는 가장 소중한 사랑이
그에게는 보잘것없는
장식품에 불과했다

나는 그를 영원히 가두어

내 영혼에 두고 싶었지만
사랑보다 더 아름다운
이별을 간직하고 싶어
새장 문을 활짝 열어주었다

새는 언제 아팠냐는 듯이
하늘로 훨훨 날아갔다
까마득한 피안의 세계로
목숨보다도 가볍게 날아갔다

길목

길목에서 누군가를
목 빠지게 기다려본 사람은 안다
모퉁이를 스쳐가는 바람도
설렘일 수 있다는 것을

그때는 무엇을 얻으려고
젊음의 오랜 시절을 기다려야 했을까
그러고도 끝내는
긴 한숨으로 돌아와야 했었던
기다림의 길목에
나는 왜 허무의 탑을 세워야 했을까

길목에서 하루 종일
누군가를 기다려본 사람은
무심코 굴러가는 낙엽 하나도
그리움일 수 있다는 것을 안다

고독

고독은 아픔이라기보다는
기쁨 쪽에 더 가깝다

마음속 비밀의 방에 숨겨진
검은 빛깔이라기보다는
조금 연한 초록 쪽에 더 가깝다

어느 한순간 불쑥
불거져 나와 헤매다가
끝내는 좋은 이야기 상대라도 만나
시인이 되어 시를 읊조리는

고독은 슬픔이라기보다는
행복 쪽에 더 가깝다
내 가슴속의 오랜 기억으로는

님 그리운 시

유월에는
님 그리운 시를 쓰자
시 한 줄에도
장미 한 송이를 피우게 하는
정열을 주자
철없이 사랑한다는 말은
하지 말자

장밋빛이 변하여
유월이 무르익으면
그의 생애처럼
죽음을 찬미하리라

나의 마음은
오직 한 가지
사랑을 줄 수 있는 것에
사랑을 주고 또 사랑을 주고
돌아서서 고독을

빛어낸 아픔이려니

유월에는
님 그리운 시를 쓰자

양수리

잘난 사람도
못난 사람도
그리고 행복에 겨운 사람도
여기서 다 늙어간다

살아보겠다고
고함치고 발버둥치고
정성스럽게 돌탑을 쌓고
꿈처럼 파릇파릇 살던 사람들
여기서 다 늙어간다

안식을 찾는 여행객도
정에 굶주린 길손도
굽이굽이 흐르는 강물처럼
그들 또한 때 되면 흘러가리니

세월이 침묵하는
가람엔 또 날이 저문다

만사를 끌어안는 두물머리
미움도 기쁨도 섞어놓고
여기서는 다 흘러간다

목련

사나흘 흐드러지게 웃었으면 좋겠다
한 며칠 새카맣게 시름을 잊고
원 없이 미쳐버렸으면 좋겠다
죽도록 껄껄대며 나뒹굴다가
길거리에 하얀 피를 토하고 나면
한 맺힌 그리움 다 사라질 게다

사나흘 미치광이가 된들 어떠랴
썩어 문드러질 연약한 몸
외로움을 터트린들 누가 비웃으랴
황사바람에 눈물만 나는 이 도시
며칠 동안 광대처럼 웃다가
봄비 맞으며 한세상 떠나면 좋겠다

제4부

먼 산 진달래꽃

먼 산에 핀 진달래꽃은
먼 산에 그냥 피어 있게 하라
그 꽃이 마냥 예쁘다고
뿌리째 뽑아다 뜨락에 심어놓으면
아무도 부를 수 없는 꽃이 된다

뜨락에는 황금을 심을지라도
먼 산에는 그대로의 꽃을 피게 하라
산새가 마음 아파하고
산짐승이 눈물을 흘리게 하지 마라
먼 산에 핀 진달래꽃 보고
가슴 뭉클해지는 순간을 느꼈다면
산새의 기분이야 어떻고
산짐승의 심정이야 오죽했을까

먼 산에 핀 진달래꽃은
먼발치에서 그냥 바라만 보라

비 오는 날

마치 내 마음의 색깔처럼
은색 비가 온 천지에 내렸다
그런 분위기를 간직하고 싶어
소년처럼 우산을 쓰고
도심 속으로 묵묵히 걸어갔다
나라고 애수에 젖지 말라거나
감상에 묻히지 말라는 법은 없었다
그러는 나를 이해할 수 없다며
누군가가 나를 질책한다고 해도
오늘만큼은 이 세상이 온통
나의 색깔일 수밖에 없었다
평소에는 아무것도 아닌 듯이
지나쳐가던 사물에서도
숱한 의미들이 쏟아져 나왔다
길가에 서 있는 공중전화를 바라보며
동전 주머니를 더듬거린다
그러나 만나고 싶은 사람은
지금 어딘가에서 구슬땀 흘리며

오늘을 살아가고 있을 것이다
그들을 나의 감정 속으로
불러들이고 싶지는 않았다
내가 간직하는 이 기분은
오로지 나만의 그것이었다
내리는 이 빗줄기도
나를 위해서 필요한 손짓이었다
묵묵히 누군가를 사랑한다는
그 말밖에는 아무 말도 하지 않았다

젊은 날의 자화상

그날 나는 무언가를 뒤쫓아 가고 싶었다
무기력하게 콘크리트 벽에 갇혀
하루를 보낸다는 것은
미치도록 마음을 우울하게 했다
쫓아가야 할 대상이 어떤 것이건
그것이 정당하거나 아니거나를 막론하고
그날 내가 추구하는 것은
무엇인가를 쫓을 수 있다는 데 있었다

산다는 것이 하나의 오해이건
누군가를 생각하는 것이 끝없는 욕망이건
나는 외로움처럼 지친 나의 모습을
불현듯 벽에 붙은 거울 속에서 보았다
내일은 또 어떤 목적을 쫓아
이 거울 앞을 떠나야 하는 것일까
아주 작은 일말의 희망일지라도
마침내는 다가가야 할 대상이 있다면
이 몸 모두를 불사르겠다

공중전화

공중전화가 비를 맞으며 서 있었다
인적이 드문 어느 골목길에
전화를 거는 사람도 없어서
더욱 쓸쓸해 보였다
젊은 날 내게 친구로 다가와서
누군가를 목마르게 갈구하며
사연을 쏟아붓고는 했는데
그 후로 얼마나 많은 날들을
그에게 다가가지 않았는지 모른다
다시금 그 앞에서 정열을 불태우고 싶지만
그가 나를 거부하는지
내가 그를 거부하는지
끝내는 가까워질 수 없다는 생각이
공중전화에 짙게 깔려 있었다
주머니 속에 동전을 만지작거리며
그 앞을 천천히 지나가본다
가을비에 젖은 그의 모습이
마냥 쓸쓸하기만 했다

그때는 알 수 있었다

그 시절의 열렬한 추구가
내 고독한 마음에서 솟아나
작은 부끄러움조차도 갖지 못하고
어리석은 노래를 불렀던 것을
그때는 알 수 있었다

끝없는 감정의 여신은
감당할 수 없는 내 몸뚱어리를
송두리째 어지럽혀 놓고
계절이 흐른 어느 날
불현듯 흔들리는 심장을
불덩어리로 만들어버렸다

그러나 그것을 안 지금
언젠가 일어날지도 모를
마음의 불같은 고뇌를
나는 이렇게 눈물 속으로 두려워한다

그러면 먼 훗날
노을처럼 내 속이 타버린 후에
또다시 알 수 있었노라고
괴로운 노래를 부르겠지
그리고 나는 그때에
진정 무엇을 안다는 것이었을까

토로

어떤 의미인지는 모르지만
아무튼 서로가
가슴에 지닌 이야기를
무지개처럼 토로해버리고
자신의 모습으로 돌아와 앉아
되지도 않는 시를 몇 자 적으며
공상의 세계에 나를 내맡겨본다

그들은 서로가
마음 한 구석에 쌓아두었던
몇 마디 이야기들을 중얼거렸다
서로를 만나서
마음의 문을 오갔던 것이
가장 큰 기쁨이라고 했다

지긋이 허공을 보고
가벼이 한숨을 음미해본다
어떤 의미인지는 모르지만

오늘 우리가 한 이야기는 진실했다
모든 것을 사랑함으로써
모든 이를 포옹함으로써
젊음을 이야기한다는 것과
진실을 토로한다는 것은 기쁨이었다

홀로 방 안에 있을 때면

셰익스피어의 햄릿처럼
그때 나는 왜 그랬을까
나는 왜 그 길로 가지 않았을까
그렇게 독백을 하며 책장도 열어보고
옛날에 보던 낡은 책도 뒤적이며
내 정신을 어디에 두어야 하는지
알 수 없어 갈팡질팡하곤 한다

헤어질 사람들과 모두 헤어지고
혼자만 남아야 하는 방 안은
그래서 바다와 같이 넓어 보이고
나는 방구석을 기어가는
작은 개미만큼 왜소해져
밤새도록 돌아다녀도
발자국을 모두 남기지 못한 채
허무한 감정만을 뿌려야 하는
삼류 철학자로 전락하고야 만다

가을 열차

가을이 온다고 했다
나는 서둘러 정거장으로 나갔다
늘 이맘때만 되면 게으름 피우다
가을 열차를 놓쳐버렸기 때문이다
이번만큼은 열차가 도착하기 전에
먼저 나가 기다리기로 했다
열차가 올 때까지
삶에 관한 단상을 논하면서
가을을 맞이하는 역의 속내를 감상했다
마침내 속 붉은 가을이 다가왔을 때
나는 두근거리며 올라탔다
젊은 시절 먼발치서 바라보던 열차
중년의 발걸음으로
신비로운 황홀경에 푹 빠져버렸다
정거장을 하나씩 지나갈 때마다
펼쳐지는 저 서늘한 그리움
나는 이 열차의 종착역이
정확히 어디인지 알지 못한다

가을의 기원

우울증 환자들이 없었다면
이 아름다운 가을은
존재하지 않았을 것이다

가끔씩 우울한 감정에 젖어
한나절을 침잠해야 할 때가 있다

그럴 땐 어떤 일도
손에 잡히지 않는다
멍하니 하늘만 바라보다가
문득 영혼의 붓을 휘어잡고
텅 빈 허공을
색칠하기 시작한다

저 아름다운 가을 풍경이나
짙푸른 가을 하늘도
모두 다 그렇게 이루어진 것이다

고독한 자들의 아픔이
그토록 화려한 꿈을 그려낸 것이다

겨울 꽃

달리지 않으면
나는 종종 우울증 환자가 된다

강 따라 질주하는 나를 멈추게 한 것은
단속 카메라가 아니었다
위험을 나타내주는 표지판도 아니었다

강을 휘감고 잠들어 있는 안개
나는 가속페달에서 발을 떼었다
사유할 수 있는 느린 속도로 접어들었다
짜증스럽게 경적을 울리고 가는
누군가의 눈총쯤은 의식하지 않았다
약속시간을 독촉하는 전화는 받지 않았다
—무슨 일이 있나요?
　안개주의보는 해제되었다던데요
툭 날아온 메시지 하나
강변도로를 따라 내 마음은 흘러내렸다

향기로운 꽃 한 아름 꺾어
차 안에 가득 실었다

노을빛 언덕

그냥 그렇게 세상을 살다가도
문득 언덕에 올라
서산에 지는 해를 바라보면
끝없이 용솟음쳐 오르는
뜨거운 정열을 지울 수 없다

어두운 기분조차도
노을빛 아름다움 속에 녹아버리고
두근거리는 가슴은
뜬구름에 실려 허공을 떠돈다

내 조그만 심장 속에
음울한 빛을 씻어주옵소서
내 미약한 목숨일지라도
나는 이 드넓은 대지 위에서
고독하지 않게 피어나리니

비록 이 순간이 지나

다시 현실을 만난다 해도
마음 한 구석엔 영원히
노을빛 언덕을 기억하련다

다짐

오늘은 파란 하늘을 보며
무슨 다짐을 해본다

봄은 또 찾아와서
도시 어딘가에 꽃씨로 뿌려놓고
나의 흐트러진 마음을
살며시 엿보다가
바람에 흙먼지 되어
허공으로 흩어져갔다

무수한 사람들이
도시를 누비며 외치는 것은
아마도 끝없는 도전이겠지만
내가 이 거리에 마음을 묻고
이렇게 살아가는 모습엔
아무런 욕망도 없다

한 송이의 봄꽃처럼

자신만의 향기를 간직하다가
봄비에 젖어
한 목숨을 다 한다면
그것이 진실한 행복일 것이다

봄이 가득한 도시에서
나도 알지 못하는
무슨 다짐을 해본다

사랑

주고 싶은 것 있다
글자로는 표현할 수 없고
그림으로도 그릴 수 없는,
음악으로는 더욱 말할 수 없는 것 있다

긴 침묵 속에서
하늘을 바라보며 느끼는
세상에서 가장 소중하고
줌으로써 가장 값어치 있는
아름다운 것 있다

그러나 수많은 날들을
마음속에만 소중히 간직하고
곱게 받을 이 기다리는 이 순간에도
가을은 철없이 깊어만 간다

주고 싶은 것 있다
주고만 싶은 것 있다

한 개의 보답이 없을지라고
오로지 주기만 하여 행복한 것 있다
내 마음에

단풍나무에게

당신, 거기서 뭐하세요?

온통 상기되어 있군요
혹시 울고 있었던 거예요?
아님 누군가를 기다리나요?
그냥 지나치기가 뭐하네요
뭔가 말하려는 눈치구요
괜찮다면 나랑 대화 좀 할래요?
가슴속에 하고픈 말 있으면
속시원히 몽땅 뿌려 봐요
속에 든 얘기 다 털어버리고 나면
마음이 한결 개운할 거예요

당신, 실연당한 거 맞죠?

진눈깨비

도무지 갈피를 잡을 수 없어

사는 것도 머무는 것도

쉽게 말해버릴 수 있는 것이 아니라지만

내 속내를 누구에게라도

드러내고 싶지 않을 때는

종종 질퍽거리는 어둠 속 길을 걷고는 하지

진즉에 왜 몰랐을까

사람과 사람 사이에는

너무나도 큰 간격이 있다는 것을

그런대로 행복

가끔씩 결혼한 친구네
집들이에 초대받거나
또는 돌잔치에 불려가면
그런대로 행복이라는 것을 보고 온다

몇 평 안 되는 방 한 칸에
아기자기한 살림살이와
벽에 걸린 신혼 사진을 보면
그런대로 살아볼 만한 세상이라고 느껴진다

너 나 할 것 없이
그런 길을 가야만 하는 친구들을 대하고
밤늦게 돌아오는 길에
무수히 많은 집들의 불빛을 보면서
불빛 하나하나에 있을
그런대로의 행복을 마음에 그려본다

해설

자기 확인을 위한 서정의 힘

백인덕 시인

1.

시는 기본적으로 세계와 감응(感應)하는 감각적 양식이라는 데서 그 의미와 가치를 찾을 수 있다. 실천을 강조하면서 현실적 재현에 충실하고자 하거나 언어 그 자체, 즉 시의 존재론적 의미를 탐구하는 등의 태도는 우리의 시대적, 문화적 특성으로 인해 그 중요성이 강조되고 있다. 그러나 시는 본질적으로 서정의 원리를 통해 세계와 조우(遭遇)하면서 인생과 세계와 우주의 새로운 의미를 발명해내는 기능에 그 참된 가치가 있다. 시는 결국 자기 자신을 지향하는 독백의 양식이며, 고백의 기록이며, 나와 세계가 조화와 융합을 이루고자 하는 바람의 산물이기 때문이다.

이기헌 시인의 이번 시집, 『당신이 문득 떠나고 싶을 때』는 '서정의 원리'를 충실하게 따르면서 시인이 마주하게 되는 사건과 사물과의 교감(交感)을 통해 주체로서의 '나'를 확인하고 새롭게 확립하고자 하는 열망의 산물이라 할 수 있다. 이는 '시인의 말'을 통해 직접적으로 확인할 수 있는데, 그는 "어느 한적한 가을 무렵에/나 자신을 잃어버렸다./나는 당황하며 곳곳을 헤집고 다녔다./울창한 숲속에서 찾아보기도 하고/번잡한 쇼핑센터를 기웃거리기도 했지만/사라져버린 나를 찾을 수 없었다./흔적도 없이 어디로 사라져버린 걸까./한 계절 내내 수소문해 보았지만/끝내는 찾을 수 없었다./나는 나를 찾아 헤매는 대신/차라리 가을 속에 묻어두기로 했다."고 담담하게 고백하고 있다. 잃어버린 나를 찾아 헤매는 대신 그 미망(迷妄)의 계절에 온전히 자신을 맡김으로써 오히려 존재의 자기 확인이 가능해진다는 것을 시인은 이미 알고 있는 것이다. 이번 시집은 바로 이러한 방법론적 자각을 실행하는 과정에서 탄생하는 시인의 정신적 변화를 시적으로 형상화한 결과물이라 해야 할 것이다.

주지의 사실이지만, '서정의 원리'란 서정시, 즉 '동일성의 시학'을 작품으로 구현하는 데 동원하게 되는 방법을 지시한다. 간단하게 말해 '동화(同化)와 투사(投射)의 원리'라 할 수 있다. 인간은 세계에 피투(被投)된 존재로 살아가면서 불가피하게 자신을 둘러싼 무수한 사물과 세계의 요소들과 갈등과 부조화를 겪을 수밖에 없다. 이 갈등과 대립, 투쟁, 불화를 넘어 세계와의 일체감 혹은 조화를 지향하는 정신이 바로 서정의 정신이라 할 수 있다. 세계 속에서의 참된 '나'를 추구하는 것이 바로 서정성의 가장 큰 의미인 것이다.

2.

이기헌 시인은 이번 시집을 전체 4부로 구성했는데, 구성상의 특징을 간략하게 살펴보면 1부에는 주로 연어, 철새, 딱따구리, 강아지, 귀뚜라미, 망둥어와 참새우, 나비 등 작은 생명체가 표제가 되고 있고, 2부에서는 해바라기, 사과나무, 난쟁이 붓꽃, 별 바라기 꽃, 억새풀 등 식물군이 표제로 등장하고 있다. 주로 사용된 시적 수법이 '의인법(personification)'이라는 것이 한눈에 들어오는 배치라 할 수 있는데, 의인법은 서정시의 본질과 원형을 가장 잘 드러낼 수 있는 대표적인 비유라는 점에서 이번 시집의 특징을 단적으로 보여준다. 결국 '인격화'란 세계(사물과 사건)를 자아의 중심으로 끌어들이는 가장 단순하면서도 강력한 수법이기 때문이다.

무엇인가를 더욱 강렬하게 추구하게 되었다는 것은 그것의 상실 혹은 결여(缺如)에 대한 뼈저린 자각이 있었다는 사실의 반증이 될 수 있다. 시인이 세계와의 일체감을 강력하게 회복하고자 한다는 것은 그가 지금 세계와 유리(遊離) 혹은 분리되어 있음을 역으로 암시한다.

도시 생활에 찌들어 살다가

서쪽 하늘에 물든 노을을 보고
떠나고 싶지 않은 사람이 어디 있겠는가
하루의 일과를 마무리하면
또 고요한 밤이 먼 데서 오고
마음속에 들어온 노을은 침묵한다
오늘이 고달프다고 말하지는 말지니
당신이 문득 떠나고 싶을 때
떠날 수 없다고 아쉬워하지 마라
누구나 벅찬 가슴을 안고
하늘의 노을을 바라보지만
한순간 불타오르다 수그러든다
왕궁은 무지개 아래에 있고
사람들 또한 그 아래 집을 짓는다
저녁노을이 짙게 물들어가도
눈물을 아는 자만이 먼 길을
떠나갈 자격을 부여받았을 뿐이다

—「당신이 문득 떠나고 싶을 때」 전문

시집의 표제작인 이 작품에는 사실 세상의 훤소(喧騷)로부터 벗어나고자 하는 주된 동기가 잘 드러나 있지는 않다. 오히려 "도시 생활에 찌들어 살다가/서쪽 하늘에 물든 노을을 보고/떠나고 싶지 않은 사람이 어디 있겠는가"라는 반문처럼 시인의 내적 동기가 어쩌면 평범하기 그지없다는 식으로 그려지고 있다. 심지어 그 노을을 바라보았을 때의 벅찬 감정마저도 "한순간 불타오르다 수그러든다"고 체념에 가까운 태도를 드러낸다.

그러면 왜 이 작품이 표제작이 되었을까? 이 작품은 표면적으로 두 부분으로 나뉘는데 시의 전반부가 앞서 언급한 것처럼 어디론가 떠나고 싶은 생각이 드는 이유에 관한 부분이라면 마지막 두 행에서는 떠날 수 있는 자의 자격을 유추해볼 수 있다. "눈물을 아는 자만이 먼 길을/떠나갈 자격을 부여받았"다는 시적 명제는 시인이 이번 시집에 담고자 했던 의미의 대부분을 극적으로 함축한다. '눈물을 아는 자'에 대해 이 작품에는 상세한 표현이 없지만, 시집 곳곳에서 그 개념의 흔적을 찾아볼 수 있다.

그날 나는 무언가를 뒤쫓아 가고 싶었다
무기력하게 콘크리트 벽에 갇혀
하루를 보낸다는 것은
미치도록 마음을 우울하게 했다
쫓아가야 할 대상이 어떤 것이건
그것이 정당하거나 아니거나를 막론하고
그날 내가 추구하는 것은
무엇인가를 쫓을 수 있다는 데 있었다

—「젊은 날의 자화상」 부분

그러나 떨어진 낙엽이
흙으로 조금씩 썩어가면

이내 나는 앙상한 가지에
일상의 의미를 주고
가을과 함께 생각한 것들은 날려버려
사유하지 않는 존재가 되어 침묵한다

—「내 젊은 날의 가을 노래」 부분

작품의 표면을 그대로 따르면, '젊은 날'로 지칭된 어느 시점에서부터 시작된 아직은 미숙한 시적 사유의 일단이 시집의 여러 곳에서 발견된다. '자화상'을 그린 앞의 인용 작품의 경우 시인은 "그날 내가 추구하는 것은/무엇인가를 좇을 수 있다는 데" 있음을 당당히 밝히고 있다. 그것이 정당한가 그렇지 않은가의 여부는 별로 중요하지 않다. 어찌 보면 무모하거나 무책임하게 들리는 이 배포(排布)가 사실은 모든 젊음의 특권이다. 하지만 동시에 젊음은 열망의 강도만큼 불안의 그림자를 더욱 드리운다. 그래서 곧바로 "앙상한 가지에/일상의 의미를 주고" 나는 "사유하지 않는 존재가 되어 침묵"하게 된다.

이 침묵은 일종의 부정적 수용(受容)의 의미를 내포하고 있다. "몇 평 안 되는 방 한 칸에/아기자기한 살림살이와/벽에 걸린 신혼 사진을 보면/그런대로 살아볼 만한 세상이라고 느껴"(「그런대로 행복」)지기 때문이다. '그런대로'란 어휘 자체가 완전한 긍정도 부정도 아니지만, 그런 느낌과는 별개로 시인은 "청춘은 희미하게 멀어져갔다/아이들이 태어나 골목길을/앙증스럽게 걸어 다니면/하늘에는 구름이 흘러가고/인생은 비둘기인양 돌담에 앉아/비 개인 먼 산"(「도시인들」)을 바라보는 '도시인'의 회의적 인식에 휩싸여 있기 때문이기도 하다.

결국 '침묵'(「내 젊은 날의 가을 노래」)에서 밤새도록 방 안을 돌아다녀도 다 남기지 못한 '발자국'(「홀로 방 안에 있을 때면」)을 거쳐 시인은 떠나갈 자격을 부여받는 조건으로서의 '눈물'(「당신이 문득 떠나고 싶을 때」)의 의미를 확실하게 자각(自覺)한다.

이와 관련하여 주목할 몇 편의 작품으로 「물안개」, 「무지개」, 「파문」, 「진눈깨비」 등을 생각해볼 수 있다. 이들 어휘들은 경계가 분명치 않거나 이종(異種)의 사물이 뒤섞여 있다는 점에서 회한과 희망의 감정이 복합적으로 스미어 배어든 '그리움'을 표상하고 있다. 가령, 「진눈깨비」에서 "내 속내를 누구에게라도//드러내고 싶지 않을 때는//종종 질퍽거리는 어둠 속 길을 걷고는 하지//진즉에 왜 몰랐을까//사람과 사람 사이에는//너무나도 큰 간격이 있다"고 말한다. 이 '간격'에 대한 인식이 흔들리지 않는다는 것은 아직은 자아와 세계가 자연스럽게 일체화되는 통로 혹은 경로를 찾지 못했음을, 즉 시적 자아에게 망설임의 시간들이 가로놓여 있었음을 암시한다.

3.

상식적이지만, '동화'는 사물이나 세계를 시인 자신 속에 끌어들여서 대상을 인격화하는 것이다. 즉 '세계의 자아화'이다. 반면, '투사'는 시인 자신을 사물과 세계 속에 상상적으로 투여하여 대상을 인격화하는 것으로 '자아의 세계화'라 할 수 있다. 물론 이러한 수법을 중요하게 사용하는 이유는 자아와 세계의 간극을 최대한 좁혀, 즉 감정이입이나 전이를 통해 세계 속에서 시적 자아의 질적 위상을 확립하거나 재확인하려는 분명한 의도에 있다.

이기헌 시인의 경우도 이와 다르지 않다. 앞서 언급한 것처럼 1부는 주로 작은 생물을 등장시키고, 2부는 식물을 등장시키고 있지만 목적은 한결같다. 이 인격화된 대상들의 입을 빌려 시인 자신의 바람 혹은 고백을 더욱더 극적으로 형상화하고 있다.

그 허한 영혼 치유할 수 있다면
수천수만 번 죽음의 문을 넘는들
무슨 두려움이 있겠습니까
나 여기 마음속 애련한 곳에
깊이 침잠한 아픔을 잠재우기 위해
먼 길을 목숨 걸고 헤쳐 왔습니다
내 병이 말끔히 고쳐지는 날이
비로소 내가 눈을 감는 날입니다

—「연어」 부분

마음 줄 곳은 오직 하나

바라보기만 해도 사무쳤다고
말할 수 있으면 그만이다

상상에 젖는 것만으로도
입가에 웃음 지을 수 있다면
너의 빛나는 모습 바라보다가
얼굴에 까만 점이 박혀도 좋다

내 안의 그리움은
끊임없이 샘솟아 오르는데
너를 꼭 원한다는 것은 아니다

—「해바라기」 부분

두 작품은 다 '연어'와 '해바라기'를 시적 화자인 '나'로 설정하면서 그 속성을 빌려 정작 시인의 가슴속에 깊이 묻어두었던 '말'을 당당하게 표면에 드러내고 있다. 회귀성 어류인 연어는 일생의 대부분을 태평양에서 보내다가 산란과 수정을 위해 자신이 태어난 하천으로 돌아와 대를 잇는 본능적 사명을 마치고 죽는다. 이 연어를 의인화함으로써 시인은 회귀를 "허한 영혼 치유"와 "깊이 침잠한 아픔을 잠재우기 위"한 자신의 숙명적 결단의 비유로 사용하고 있다.

또한 해바라기의 의인화를 통해, 해가 움직이는 방향을 따라 고개를 돌린다는 속성을 빌려 사용하면서도 "그리움은/끊임없이 샘솟아 오르는데/너를 꼭 원한다는 것은 아니다"라며 시인이 가닿은 '그리움'의 새로운 경지를 비유적으로 형상화할 수 있었다. '그리워하지만 꼭 원한다는 것은 아니다'라는 경지는 시적 명제를 만드는 이기헌 시인의 독특한 수법과도 맥이 닿아 있다. 가령, "우울증 환자들이 없었다면/이 아름다운 가을은/존재하지 않았을 것이다"(「가을의 기원」)처럼 상반되거나 관련성이 없어 보이는 구절을 연결함으로써 반어적 인식을 드러내는 것이다.

인용한 두 작품을 비롯하여 의인화를 통한 시적 비유가 성공한 작품들의 중요성은 그 이전의 작품들과 비교했을 때 뚜렷한 인식적 차원의 차이가 드러난다는 데서 찾을 수 있다.

> 한낮에 한적한 길을 걷다가
> 하루를 기약 없이 굴리고 가는
> 쇠똥구리 한 쌍을 만났다
> 서글퍼지는 세상을
> 짙은 아픔만 간직한 채
> 끝없이 흘러가는 모습이
> 그날 밤 꿈속에서도 가고 또 가고
>
> 삶이란 그런 것이다
>
> —「삶이란 그런 것이다」 부분

시적 화자가 '나(시인)'가 되고 '쇠똥구리'가 그저 대상으로 고정되었을 때, 다시 말해 이입(移入)이나 투사, 전이(轉移)와 같은 나와 세계의 간극을 메우기 위한 방법이 아무것도 동원되지 않았을 때, 시적 명제는 "삶이란 그런 것이다"라는 피상적 수준에 머무르고 만다. 시적 형상화에 성공하지 못하고 '그런'이 다시 명제를 추상화하고 만다. 이기헌 시인은 '자아의 세계화', 즉 '투사'를 통해 형상화 정도가 가장 뛰어나고 더불어 인식의 깊이가 심원한 시적 성취에 다다른다.

내 안을 무수히 두드리고서야
너에게 내가 있음을
말할 수 있을 뿐이다

끓어오르는 열정을
철갑 속에 가둬놓는다 해도
영원히 억누를 수는 없다
안으로 휘몰아치는 몸부림을
나는 누군가의 가슴속에
점점이 새기고 싶다
지울 수 없는 흔적으로
그의 내부를 불사르고 싶다

내 안을 무수히 멍들게 하고서야

너를 향한 그리움을
잠재울 수 있을 뿐이다

—「종」 전문

내가 '종'이 되었을 때 자아와 세계의 간극은 최대치로 줄어든다. 표현과 시각의 중심이 자연스럽게 '나', 또는 내부로 향하게 된다. 정신분석학자 융(C. G. Jung)은 인간의 정신구조를 원형(圓形)적으로 보았다. 마치 양궁의 표적지처럼 여러 개의 원이 동심원으로 펴져 있는 것이다. 우리가 흔히 말하는 인격〔탈, 가면(persona)〕의 외부를 외계(外界)로, 내부를 내계(內界)로 보았다. 이성적 행위는 외부의 자극에 대한 반응에서 주로 생성되지만, 정서적 반응은 외부의 자극이 있다 할지라도 결국은 내계의 심층, 즉 불안〔융에 따르면 그림자(shadow)〕에 의해 촉발된다는 것이다. 이러한 이해를 인식했느냐의 여부에 관계없이 인용 작품은 높은 수준의 시적 인식을 드러낸다. "내 안을 무수히 두드리고서야", 이는 종은 맞아야만 소리를 낼 수 있다는 사실, 현상에 기반한 표현이지만 "너에게 내가 있음을/말할 수 있을 뿐이다"라는 뒤 행과 결합하여 시적으로 극화된다. '너'를 향한 내 그리움을 극대화시키면서 동시에 그 사실을 고지(告知)하는 데서 오는 고통까지 중의적으로 표현하고 있는 것이다. 이 경지에서 시인은 "지극히 간절함만으로는/꽃은 피지 않는다"(「외사랑」)는 인식과 "새가 간직한 신념은/날아가는 일이었기에/내게는 가장 소중한 사랑이/그에게는 보잘것없는/장식품에 불과했다"(「날아간 새」)는 사실마저도 겸허하게 받아들일 수 있는 인생의 태도, 또는 시적 태도가 성립할 수 있었던 것이다.

> 먼 산에 핀 진달래꽃은
> 먼 산에 그냥 피어 있게 하라
> 그 꽃이 마냥 예쁘다고
> 뿌리째 뽑아다 뜨락에 심어놓으면
> 아무도 부를 수 없는 꽃이 된다
>
> 뜨락에는 황금을 심을지라도
> 먼 산에는 그대로의 꽃을 피게 하라
> 산새가 마음 아파하고
> 산짐승이 눈물을 흘리게 하지 마라
> 먼 산에 핀 진달래꽃 보고
> 가슴 뭉클해지는 순간을 느꼈다면
> 산새의 기분이야 어떻고
> 산짐승의 심정이야 오죽했을까
>
> 먼 산에 핀 진달래꽃은
> 먼발치에서 그냥 바라만 보라

—「먼 산 진달래꽃」 전문

이번 시집을 통해 이기헌 시인이 보여준, 아니 스스로 자기 확인에 다다르게 된 경지는 "먼 산에 핀 진달래꽃은/먼 산에 그냥 피어 있게 하라"는 것이었다. 이것은 "삶이란 그런 것이다"라거나 "두려움도 외로움도 아닌/무수한 쓸쓸함처럼/하루가 또 흘러가네"(「하루가 또 흘러가네」)처럼 막연하고 피상적인 수준에 더 이상 머물지 않는다. 시인은 "뜨락에는 황금을 심을지라도/먼 산에는 그대로의 꽃을 피게 하라"는 시적 정언명령을 내리고 있다. 자기 확인이란 결국 '모든 것은 제자리가 있다〔만물개유위(萬物皆論位)〕' 는 것을 깨닫는 것에 다름 아니다. 먼 산에 그냥 피어 있어야 '먼 산 진달래'가 되는 것처럼 이기헌의 시가 보여줄 앞으로의 행로를 지켜보는 것도 기쁨이 될 것이다.

이 도서의 국립중앙도서관 출판시도서목록(CIP)은 서지정보유통지원시스템 홈페이지(http://seoji.nl.go.kr)와 국가자료공동목록시스템(http://www.nl.go.kr/kolisnet)에서 이용하실 수 있습니다.(CIP제어번호: CIP2015025780)

문학의전당 시인선 215

당신이 문득 떠나고 싶을 때

초판 1쇄 인쇄 2015년 9월 18일
초판 1쇄 발행 2015년 9월 25일
지은이 이기헌
펴낸이 고영
편집 이현호
디자인 헤이존
펴낸곳 문학의전당
출판등록 제311-2012-000043호
주소 서울시 은평구 연서로11길 7-5 401호
편집실 서울시 마포구 마포대로 127, 413호(공덕동, 풍림VIP빌딩)
전화 02-852-1977
팩스 02-852-1978
블로그 http://blog.naver.com/mhjd2003
전자우편 sbpoem@naver.com

ISBN 979-11-5896-004-9 03810